Poemas de amor-próprio

Poemas de amor-próprio

MELODY GODFRED

SEXTANTE

Título original: *Self Love Poetry – For Thinkers and Feelers*
Copyright © 2021 por Melody Godfred
Copyright da tradução © 2023 por GMT Editores Ltda.

Esta edição foi publicada mediante acordo com Andrews McMeel Publishing, uma divisão da Andrews McMeel Universal, por meio de Yáñez, parte da International Editors' Co. S.L. Literary Agency.
Todos os direitos reservados. Nenhuma parte deste livro pode ser utilizada ou reproduzida sob quaisquer meios existentes sem autorização por escrito dos editores.

tradução: Rafaella Lemos
preparo de originais: André Marinho
revisão: Hermínia Totti e Sheila Louzada
capa: Leanne Aranador
adaptação de capa e diagramação: Ana Paula Daudt Brandão
impressão e acabamento: Bartira Gráfica

CIP-BRASIL. CATALOGAÇÃO NA PUBLICAÇÃO
SINDICATO NACIONAL DOS EDITORES DE LIVROS, RJ

G526p

Godfred, Melody
  Poemas de amor-próprio / Melody Godfred ; tradução Rafaella Lemos. - 1. ed. - Rio de Janeiro : Sextante, 2023.
  208 p. ; 21 cm.

  Tradução de: Self love poetry: for thinkers and feelers
  ISBN 978-65-5564-716-7

  1. Poesia americana. I. Lemos, Rafaella. II. Título.

23-85021 CDD: 811
  CDU: 82-1(73)

Gabriela Faray Ferreira Lopes - Bibliotecária - CRB-7/6643

Todos os direitos reservados, no Brasil, por
GMT Editores Ltda.
Rua Voluntários da Pátria, 45 – Gr. 1.404 – Botafogo
22270-000 – Rio de Janeiro – RJ
Tel.: (21) 2538-4100 – Fax: (21) 2286-9244
E-mail: atendimento@sextante.com.br
www.sextante.com.br

DEDICATÓRIA

"*Minha vida despertou de repente num salto tão intenso que acho que ficarei desperta para sempre.*"
– *Melody, aos 11 anos*

Dedicado ao meu eu da infância: uma garota pensativa que ouvia o próprio coração e escrevia poesia para compreender o mundo de fora e o de dentro.

Melody, nós conseguimos. Nós conseguimos!

INTRODUÇÃO

Escrever um livro de poesia sempre foi um dos meus maiores sonhos. Mas quando chega a hora de revisar meus poemas para enfim incluí-los em um livro, me sinto paralisada: como reunir 700 escritos de maneira que faça sentido como livro? Você vai perceber que minha poesia não segue um estilo único. É o reflexo do que quer que eu esteja sentindo em dado momento. Às vezes é uma frase arrebatadora, às vezes é uma longa experiência sensorial preenchida por palavras deslumbrantes e figuras de linguagem.

O conceito deste livro só pôde nascer quando eu estava realmente preparada para abraçar essa dualidade dentro de mim: 100 pares de poemas, cada um com um tema central. A página da esquerda se dirige a quem usa mais o lado esquerdo do cérebro, ou seja, para quem pensa demais; a página da direita é para quem usa mais o lado direito do cérebro, ou seja, para quem sente demais. Os poemas de cada dupla dialogam entre si e trabalham em conjunto para ativar uma experiência cerebral completa em qualquer tipo de pessoa. O resultado é um livro de poesia que me deixa profundamente orgulhosa e animada em compartilhar com você.

Enquanto estiver lendo, por favor, permita que estes poemas funcionem como um lembrete: apenas quando você abraça todas as partes do seu ser é que o seu eu autêntico pode fazer sua mágica e ativar as ferramentas para que você cause o impacto no mundo com aquilo que <u>apenas você</u> nasceu para fazer. Eu acredito que nasci para escrever este livro.

POEMAS DE AMOR-PRÓPRIO
Para quem pensa demais e quem sente demais

CÉREBRO ESQUERDO
(QUEM PENSA DEMAIS)

CÉREBRO DIREITO
(QUEM SENTE DEMAIS)

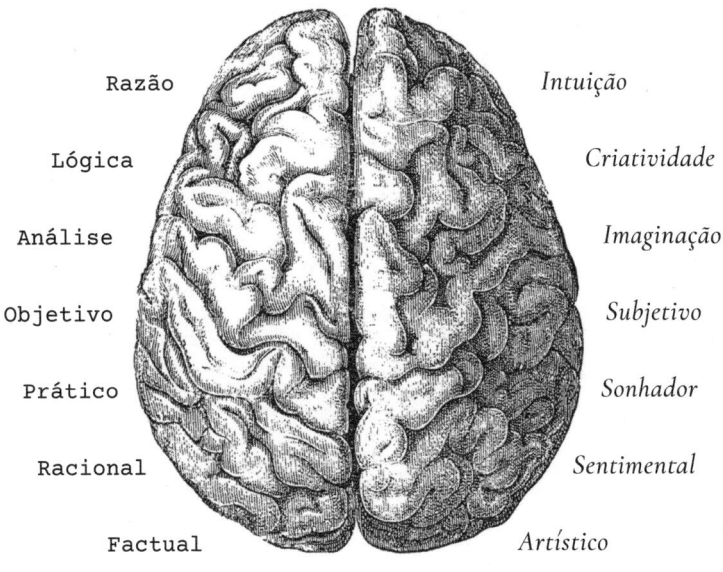

Razão — *Intuição*
Lógica — *Criatividade*
Análise — *Imaginação*
Objetivo — *Subjetivo*
Prático — *Sonhador*
Racional — *Sentimental*
Factual — *Artístico*

Depois que entende que
o que você mais quer que aconteça
pode não acontecer, você
consegue aceitar que pode
ser que aconteça também.

E de qualquer jeito
você ficará bem.

*Eu pensava que sabia
e então SOUBE.
Eu pensava que amava
e então AMEI.
Eu pensava que me entregava
e então ME ENTREGUEI.
Eu pensava que terminado estava
e então COMECEI.*

Pensei que este seria
o ano em que eu conseguiria
tudo que quero.

Agora sei que este é
o ano em que dou valor a
tudo que já tenho.

A expectativa fechou meus olhos.
A gratidão os abriu.
O medo fechou meus olhos.
A confiança os abriu.
A reclamação fechou meus olhos.
A apreciação os abriu.
A perfeição fechou meus olhos.
A autenticidade os abriu.
A culpa fechou meus olhos.
O amor-próprio os abriu.

Se colocar as necessidades de todo
mundo em primeiro lugar
não estiver funcionando,
existe uma alternativa...

*Escolher você em primeiro lugar
pode ser a decisão mais difícil
da sua vida, porque
a culpa, a vergonha e o medo
são grandes obstáculos.*

*Faça isso mesmo assim.
Você é maior que o que lhe prende.
Muito maior.*

CÉREBRO ESQUERDO - QUEM PENSA DEMAIS

Se tudo mudar,
eu ainda serei feliz.

Se nada mudar,
eu ainda serei feliz.

*Por baixo
do pó da decepção,
do peso da responsabilidade,
da aflição da dor,
do tremor da dúvida,
da paralisia do medo e
da ferida do ressentimento...
Seu verdadeiro eu permanece.
Ele é luminoso, fluido, livre,
suave e firme.
A alegria dele não está atrelada
ao que já foi ou ainda será.*

CÉREBRO ESQUERDO - QUEM PENSA DEMAIS

Se ninguém parece
notar seu trabalho duro,
pare de fazê-lo
parecer tão fácil.

Acordamos cedo.
Nos exercitamos. Nos alimentamos bem.
Trabalhamos para curar nossos traumas. Sorrimos.
Bebemos água. Molhamos as plantas.
Arrumamos tempo para o trabalho voluntário.
Arrasamos no trabalho. Arrasamos na criação dos filhos.
Somos ótimas tias, amigas, cuidadoras.
Trabalhamos para dar conta do nosso desejo.
Vivemos em nome da gratidão e da gentileza.
Olhamos nos olhos. Limitamos nosso tempo de tela.
Somos muito lindas. Passamos hidratante. Esfoliamos a pele.
Fazemos as unhas e cuidamos do cabelo.
Somos cheirosas. Lemos livros. Arrumamos tempo
para pessoas necessitadas. Damos jantares. Lembramos
aniversários – e presentes de aniversário.
Fundamos empresas.
Cuidamos dos nossos pets. Pesquisamos ingredientes.
Planejamos as férias. Nunca reclamamos.
Acordamos. Fazemos tudo de novo.
Batemos o ponto. Nunca paramos.
Fazemos parecer fácil. Fazemos parecer fácil.
Fazemos parecer fácil.
(Não foi. Não é. Nunca será.)

Escolher a si mesma não
torna o autocuidado mais fácil.
Dá TRABALHO estar presente
para si mesma todos os dias.

Mas torna mais difícil
se sacrificar, se negligenciar,
duvidar de si mesma e
se colocar em risco.

Você simplesmente não vai mais
se contentar com tudo isso.

Uma mulher poderosa vive
não na superfície,
mas em suas profundezas.
Ela faz a cama entre
as raízes de seu ser.

Ela está à vontade com sua luz
e em paz com sua escuridão.
Ela dá ouvidos quando sua intuição fala
e não reage quando seu ego grita.

Ela reflete nos momentos de imobilidade;
ela se eleva nos momentos de clareza.

Ela se mostra como é:
plena, digna, abundante,
determinada, divina, escolhida.

Ei, você. Sim, você.
Tudo em você. Sim, tudo em você.
Cada pedaço seu.
Cada segundo da sua história.
Cada centímetro do seu corpo.
Cada ponto do seu passado.
Cada recanto da sua mente.
Tudo é digno de um amor profundo, inabalável e aconchegante, de sacudir a alma.

Entendeu?

Seus altos e baixos.
Sua força. Sua vulnerabilidade.
Sua voz. Seu silêncio.
Seu formato. Sua luz.
Sua paciência. Seu ímpeto.
Sua alegria. Seu desespero.
Sua brincadeira. Sua seriedade.
Suas mãos. Seu cérebro.
Sua graça. Suas neuroses.
Seu perdão. Seu fogo.
Seus defeitos. Sua perfeição.
Seus desejos. Sua aceitação.
Seu poder. Sua suavidade.
Sua coragem. Sua ansiedade.
Sua desordem. Sua magnitude.
Suas piadas. Sua raiva.
Seus abraços. Suas lágrimas.
Sua integridade. Sua ingenuidade.
Seu talento. Sua convicção.
Sua visão. Sua resiliência.
Tudo em você. É isso que eu amo.

Quando comecei a aprovar
minhas próprias escolhas,
a culpa e a vergonha perderam
o poder que tinham sobre mim.

Ela assumia suas escolhas
e seus humores,
seus altos e baixos.
A felicidade dela
era ela quem cultivava.
Ela era a causa,
a catalisadora.
Ela pertencia a si mesma.

Abri mão das minhas expectativas
e parei de me decepcionar.

Parei de me decepcionar
e comecei a me sentir viva.

*Eu não me dava conta
do tanto que carregava
até colocar tudo no chão.*

Sonhos novos precisam de tempo.
Se as portas se fecharam
para o futuro que você
achava que fosse viver,
dê um tempo a si mesma
para sonhar um novo futuro.

Aprenda a falar dos seus sonhos.
Deixe que transbordem em páginas.
Que preencham salas silenciosas.
Saboreie seus sonhos
à medida que passam pelos seus lábios,
despertando novas papilas gustativas
como os primeiros frutos do verão.
Conheça-os por dentro e por fora,
sonhos tão vívidos que é possível escutá-los.
Um contínuo murmúrio de esperança nos ouvidos.

Pensamento negativo:
Acreditei tão profundamente
que se tornou real.

Pensamento positivo:
Acreditei tão profundamente
que se tornou real.

A escolha é sua.

Quando coisas boas acontecem,
eu me pego prendendo a respiração.
Ansiosamente esperando que deem errado, que desapareçam.
Como uma miragem que nunca foi real para
começo de conversa.
Até meus filhos. Eu olho para eles e penso:
"Não acredito que sejam reais. Não acredito que sejam meus."

Não sinto o mesmo com minhas preocupações. Elas são reais.
Aliás são tão reais que poderiam muito bem
entrar no quarto para se deitar ao meu lado,
tão reais quanto o travesseiro embaixo da minha cabeça.

Meus medos, a ansiedade, a dor, a dúvida, a culpa.
Essas são as coisas que nunca questiono.
Nunca digo "Não acredito que sejam reais.
Não acredito que sejam meus".
Eu os assumo, vestindo-os como um uniforme.

Mas já chega. A partir de hoje, vou acreditar
nas minhas bênçãos, não nos meus medos.
Vou olhar para elas e dizer
"Vocês são reais. Vocês são minhas."
E quando minhas preocupações tentarem me visitar
hoje à noite,
direi:
"Não acredito que sejam reais.
Não acredito que sejam minhas."
E minhas bênçãos e eu descansaremos.

Aquilo que você sente
quando começa a dar ouvidos
à sua voz interior
em vez de fazê-la calar.

Lembre-se da sensação
de começar algo novo,
de sentir-se crescendo,
aprendendo, tornando-se
mais forte, mais esperta,
mais poderosa.

Lembre-se de pensar:
"Como eu vivia antes?"
A novidade tão profundamente
incrustada na essência
de quem você é.

Considere que, embora possa sentir
agora que a vida é
monótona, sem graça, um murmúrio
de tarefas e emoções repetitivas,
o potencial para experimentar
o júbilo da novidade
ainda está dentro de você...
Você só precisa
apropriar-se dele.

A sua intuição guia,
e o universo inteiro
vai atrás.
Confie nela.

*Meu SER abre espaço
para o desconhecido.
É capaz de se lembrar do passado
sem se definir por ele.
É capaz de manifestar o futuro
sem estar preso a ele.
É presente.
É tranquilo.
É poderoso.*

Às vezes, bem quando você acha
que já entendeu tudo,
tudo se desfaz.

Não era um teste;
você não foi ingênua.
A vida não é linear.
As bênçãos não são lineares.
O progresso não é linear.

Nem tudo está perdido;
você ainda está no seu caminho.

Siga em frente.

*Finalmente
encontrei meu ritmo
quando percebi
que até mesmo
os passos para trás
faziam parte
da dança.*

Quando não consigo movimentar a mente,
movimento o corpo.

Quando não consigo movimentar o corpo,
movimento a mente.

Em qualquer caso,
o movimento cura.

*Se estiver se sentindo presa, se mexa.
Faça a sua energia fluir.
Por meio da dança.
Por meio de uma conversa com
alguém que precise
ouvir a sua verdade.
Por meio de palavras honestas
escritas em uma página.
Por meio dos dedos
que passam por uma onda no mar
ou semeiam a terra.
Mexa-se até sentir a sua energia
livre. Desimpedida.
Vibrante. Resplandecente.
Poderosa. Sagrada. Viva.*

Abra. Os. Olhos.

As oportunidades eram várias.
O ar prenhe de esperança.
Minha garganta revestida com
o entusiasmo da possibilidade.

Mas eu não conseguia vê-los.
Os pêssegos redondos bem
ao alcance da mão,
nos galhos pesados
de folhas esmeralda.

Meus olhos marcados pela
culpa, meus punhos tensos
de arrependimento, meus lábios
franzidos na defensiva e minhas
faces vermelhas de vergonha.

Os frutos apodrecendo.
O doce aroma do verão
agora me enoja.
Tanta presença perdida
porque meu corpo estava aqui
mas minha mente não.

Amar primeiro a si mesma
não significa
amar menos o outro.

*Eu sou minha,
você é seu,
vamos ser nossos,
juntos.*

Tentamos dar
menos a nós mesmas.

Será que não é hora de tentarmos
dar mais a nós mesmas?

Hoje, dê permissão
a si mesma.
Não, mais que isso.
Dê tudo a si mesma.
Tudo mesmo.
Tempo, o benefício da dúvida,
dádivas, paciência, afirmação,
um esforcinho a mais,
surpresas deliciosas,
validação, confiança,
um toque delicado, sorrisos,
perdão, fé,
amor incondicional.

Tudo que um dia reservamos
para aqueles que amamos,
para nossos filhos...
Pegue tudo.
É tudo seu.

Meu desejo para você:

estar sozinha sem estar solitária
refletir sem arrependimento
esperar sem medo
amar sem dependência
dar sem expectativa
crescer sem apego
aceitar a si mesma sem ressalvas
estar aqui e agora sem distrações
viver com alegria sem condições
escolher a si mesma sem
culpa, vergonha,
dúvida ou hesitação.

Se a raiva a incendiar,
que o amor-próprio seja a sua água.

Se a vergonha a sufocar,
que o amor-próprio seja o seu ar.

Se a dúvida a paralisar,
que o amor-próprio seja o seu catalisador.

Se o medo a isolar,
que o amor-próprio seja a sua companhia.

Se a ansiedade a atacar,
que o amor-próprio seja a sua defesa.

Se a depressão a anuviar,
que o amor-próprio seja a sua luz.

Se o arrependimento a acorrentar,
que o amor-próprio a liberte.

Quando houver uma escolha,
aproprie-se dela e tome uma atitude.

Quando não houver escolha,
aproprie-se disso também,
através da rendição,
não da resistência.

Render-se:
Terminou a corrida.
Venceu a guerra.
Diminuiu o ritmo.
Se apropriou do presente.
Tomou fôlego.
Sentiu os sentimentos.
Curou as feridas.
Aquietou a mente.
Abriu o coração.
Traçou o caminho.

O seu valor não é uma escolha deles.
É sua.

*No momento
em que desatrelei meu valor
da minha capacidade de gerar dinheiro,
cliques, seguidores e curtidas,
percebi que minha abundância
é inestimável
e não pode ser quantificada.*

PERIGO!

Os efeitos colaterais do
amor-próprio incluem perder
o peso da culpa,
da vergonha, da dúvida, do medo e
das relações tóxicas.

*O medo do confronto me silenciava.
O amor-próprio soltou minha voz.
O medo do fracasso me imobilizava.
O amor-próprio me encorajou.
O medo do julgamento me consumia.
O amor-próprio me fez plena.
O medo do abandono me ancorava.
O amor-próprio me ajudou a içar as velas.*

Quando se dá conta
de que é você a "pessoa certa",
a vida se torna
menos uma busca
e mais uma vivência.

Quando se sentir mais invisível,
eu verei você.
Quando se sentir indigna de amor,
eu amarei você.
Quando se sentir mais orgulhosa,
eu celebrarei você.
Quando se sentir mais sozinha,
eu acompanharei você.
Quando se sentir mais entusiasmada,
eu festejarei com você.
Quando se sentir mais desconfortável,
eu confortarei você.
Quando se sentir mais emotiva,
eu me emocionarei com você.
Quando se sentir mais perdida,
eu a lembrarei de você.
Quando se sentir mais você mesma,
eu serei aquela que estará com você.

– recado para mim

Comece a substituir
os pontos de interrogação
na sua mente por
pontos de exclamação.

E se...?

E se...!

Você nasceu com um superpoder:

A sua imaginação. Sua capacidade de sonhar.
Você pode construir uma visão do futuro
para além de qualquer coisa que tenha vivenciado.
Para além até do que é possível atualmente.

Sabendo que tem esse dom, pare de enxergar apenas
o que falta na sua vida. A negatividade embota a
imaginação e alimenta o medo. Ela imobiliza.
Rouba a cor e a essência da vida.

Enxergue a cor. Sorva a essência.

Use o seu dom para sonhar um mundo
do qual todos tenhamos satisfação em fazer parte.
Então dê um passo na direção do seu sonho
e observe o universo se inclinar
a seu favor para torná-lo possível.

Se a vida parecer
impossível, lembre-se:
quando você muda,
tudo muda.

Eu me sentia paralisada,
então acolhi a imobilidade.
Eu me sentia impotente,
então acolhi a entrega.
Eu me sentia emotiva,
então acolhi a vulnerabilidade.
Eu me sentia abandonada,
então acolhi minha própria companhia.
Eu me sentia envergonhada,
então acolhi minha história.
Eu me sentia vazia,
então acolhi
minha autenticidade,
minha plenitude,
meu valor.

Em vez de advertir uma à outra
"Você não pode mudar os outros",

Deveríamos lembrar uma à outra
"Você pode mudar a si mesma!".

*Não desejo o seu poder
porque sou repleta de poder.
Sou poderosamente eu mesma.
Sou poderosamente minha.*

De todas as
coisas que possuo,
meu valor é meu
bem favorito.

Eu pertenço a mim mesma para poder:

Me definir.
Me encorajar.
Me esclarecer.
Me adorar.
Me desafiar.
Me deleitar.
Me acomodar.
Me aceitar.
Me dar boas-vindas.
Me amar.

Claro.*
Tranquilo.*
Tudo bem.*

*Palavras falsas que deveríamos
abolir do nosso vocabulário
e que na verdade significam que
não está tudo bem, não mesmo.

O amor-próprio remove a barragem de modo que a sua verdade possa fluir livremente.

Nada nunca será
suficiente até que você
decida que é suficiente.

Será que isso é suficiente?
Será que você é suficiente?

Só depende de você.

*Tentei ser
forte o bastante
inteligente o bastante
criativa o bastante
ousada o bastante
estratégica o bastante
sexy o bastante
bonita o bastante
durona o bastante.*

*Só quando decidi que eu era o bastante,
fui MAIS que o bastante.*

Se as mulheres não esquecessem,
minimizassem ou embotassem a própria
dor, a raça humana
deixaria de existir.

Mas se as mulheres esquecessem,
minimizassem ou embotassem a própria
alegria, a raça humana
deixaria de existir também.

Deixe-me contar sobre o amor de uma mulher:
Ele encontra as rachaduras e as preenche de luz.
Ele vê o caminho e o pavimenta.
Ele é ruidoso e silencioso, forte e suave.
Paciente, generoso e completo –
é tão realista quanto otimista.
Ele tem uma magia tão poderosa
que é impossível de definir
e só pode ser recebido e testemunhado,
aprendido e apreciado.

A melhor forma
de lidar com um
futuro incerto
é estar
completamente presente.

*Aproveite sua felicidade sem
preocupação nem expectativa.
A felicidade é delicada demais
para aguentar o peso do nosso medo.*

Comecei a fazer esse exercício do "eu sou" com as minhas filhas. Sentamos em círculo e completamos as frases falando de nós mesmas.

De início, elas ficavam gravitando em torno do "eu gosto" em vez do "eu sou".

E mesmo eu, alguém que conscientemente tenta praticar o amor-próprio todos os dias, tive dificuldade.

O que eu sou? Eu sou criativa. Eu sou amorosa. Eu sou... Tive mesmo que procurar dentro de mim e testemunhei minhas filhas fazendo o mesmo. Uma delas ficava fazendo piada, "Eu sou bobona", e a outra simplesmente repetia tudo que eu dizia que era. Então vamos continuar com isso. Porque o amor-próprio vem do autoconhecimento. E todas nós, em qualquer idade, poderíamos nos conhecer melhor.

Quando você tem um arsenal de "eu sou" pronto, é mais fácil deixar de lado os "eu não sou". Então, para mim, hoje, eu sou corajosa porque há muita mudança e incerteza, e eu sou calma e meu coração está aberto para tudo isso.

E você?

EU SOU CORAJOSA.
EU SOU CRIATIVA.
EU SOU INTELIGENTE.
EU SOU PODEROSA.
EU SOU RESILIENTE.
EU SOU PLENA.
EU SOU DIGNA.
EU SOU MÁGICA.
EU SOU ABERTA.
EU SOU LIVRE.
EU SOU EU.

Se quiser que algo
seja feito direito,
faça ~~você mesma~~.

Com a ajuda de
pessoas capazes que
mereçam a sua confiança.

*Recusar ajuda
é pagar o preço cheio
por algo que está em promoção.*

Abrir mão não
significa que você vai perder.

Eu pensava que era forte o bastante, que podia lidar
com tudo sozinha. E sabe o que percebi?
Na verdade, ser "forte" com base no controle é
algo muito frágil.
Segurar a barra de tudo é impossível.
Um passo em falso e tudo desmorona.
Agora busco ser suave. Ser fluida, flexível, adaptável,
em harmonia com o meu ambiente e as pessoas
ao meu redor,
e não em conflito. Se antes a força, para mim, vinha
do controle,
agora ela vem da suavidade.
Da entrega. De abrir mão, de aprender com
aqueles que estão ao meu redor, de inspirar e expirar,
de acolher a incerteza e curtir essa graça que
acabei de encontrar.

É dessa suavidade que eu falo.
Essa é a suavidade mais poderosa de todas,
inquebrável, eterna.
Essa é a suavidade que vem do amor-próprio.

CÉREBRO ESQUERDO - QUEM PENSA DEMAIS

Você não pode despejar líquido
de uma xícara vazia,
mas tampouco pode beber
de uma xícara vazia.

Encha o copo.
Beba a água.
Você primeiro.

*Senti meus sentimentos, e meu coração disse obrigado.
Falei a minha verdade, e minha mente disse obrigada.
Mobilizei a minha energia, e meu corpo disse obrigado.
E porque fiz tudo isso, meu mundo disse obrigado também.*

Como libertar a mente:

anote as coisas que
precisa lembrar
no futuro e

anote as coisas que
precisa deixar
no passado.

*Abra as janelas,
deixe a brisa entrar,
e quando senti-la
fazendo cócegas na pele,
deixe que leve embora
as intermináveis tarefas pendentes,
os implacáveis arrependimentos,
o zumbido perpétuo dos pensamentos
sobre o passado e o futuro,
e os substitua pelo
aroma das laranjeiras em flor
na primavera.*

É muito provável que
aquilo que você mais evita
seja a chave para se apropriar
completamente do seu valor.

Encare de frente.

*Se estiver
desconfortável,
diga,
faça,
afaste-se,
cure
logo.*

Escolha a si mesma.
Sem explicação.
Sem hesitação.
Sem deliberação.
Sem medo.
Sem desculpas
nem ressalvas.

Faça isso completamente.
Orgulhosamente.
Amavelmente.
Incondicionalmente.
Agora.

*Para conhecer meu potencial
não preciso vencer
o espaço entre
o ponto onde estou
e o ponto aonde quero chegar.*

*Mas reconhecer
que a pessoa que sou
a cada momento
já é suficiente.*

Não sou a favor de todo mundo.
Sou a favor de mim.

O verdadeiro aprendizado foi
não apenas amar a mim mesma,
mas gostar de mim mesma.
Me curtir nos
momentos mais banais,
não apenas nos sagrados.

Amar a si mesma não é ser
feliz o tempo todo. Na verdade, é o
contrário: é amar até mesmo a
infelicidade. É se apropriar
de todas as coisas pelas quais você passou e
de tudo que você é - inclusive a
dor, o trauma, os erros, as feridas,
o fundo do poço, a vergonha,
os arrependimentos.

É um amor fundado na integração e na
aceitação. Quando for capaz de amar tudo,
você finalmente vai experimentar a paz -
consigo mesma e com o mundo.

Às vezes sou um alegre
raio de sol.
Às vezes sou a melancólica
luz da lua.
Feliz ou triste,
ainda assim plena,
ainda assim digna,
ainda assim tentando,
ainda assim o bastante,
ainda assim aqui,
ainda assim eu.

Em vez de aprender
com o passado,
aprenda com o seu futuro:
trame o seu destino
e alinhe seu presente
com ele.

O futuro vivia
nas margens das minhas memórias,
uma receita passada
de geração em geração
demorando-se nos meus lábios.

Agora o futuro vive
não na minha herança,
mas no meu desejo,
à medida que moldo
o gosto que ele terá
cada vez que eu respirar.

O único jeito de chegar
aonde você está indo
é estar onde você está.

*Decidi começar a
tratar meu cotidiano
como trato as viagens:
indo devagar,
assimilando tudo
e saboreando cada
visão, som, toque,
alento e sabor.*

Eu me sentia como um barco,
completamente à mercê do
mar de pensamentos que me atingia,
uma onda de cada vez.

Agora me dou conta
de que não sou o barco.
Eu sou o mar.

Eu sou o mar.
Eu sou a onda.
Eu sou uma única gota d'água
que alcança a praia.
Sou tão grande
e tão pequena
e tão agitada
e tão calma
quanto preciso ser
a cada momento.

A conversa
que você teme
é a que mais
precisa ter.

Quanto antes, melhor.

Agora é o momento de:

dizer o que precisa ser dito,
fazer o que precisa ser feito,
curar o que precisa ser curado,
amar o que precisa ser amado,
tentar o que precisa ser tentado,
deixar o que precisa ser deixado.

Se estiver de mau humor,
com dor de cabeça,
letárgica,
sem conseguir lembrar nada,
sensível à dor,
sem concentração,
há uma grande chance
DE ESTAR DESIDRATADA.

*Você é capaz de viver
sem amor-próprio, assim como
uma planta pode viver
sem água por um tempo.
Mas vocês duas vão
secar, murchar e envelhecer.*

Esquecemos instantaneamente
nossa felicidade, mas memorizamos
nossas preocupações.

O que aconteceria se fizéssemos o contrário?

*Sou formada de trilhões de células.
Cansei de deixar um único pensamento negativo
fazer todas elas sofrerem.*

Quando começar
a duvidar da sua resiliência,
por favor considere que
a nossa vida já foi
virada de cabeça para baixo
e você ainda está aqui,
inteira.

Coloque a mesa para dois.
Use sua melhor louça.

Agora me diga
quem você convidou:
o medo ou o amor?

Quer experimentar
viajar no tempo?

Ame-se o bastante
para revisitar feridas antigas
e curá-las.

*Quando conseguir estar
nua diante de si mesma,
despida da culpa e da vergonha,
da raiva e do arrependimento,
a mulher que verá
é seu eu autêntico.
Escolha ela.*

Dê permissão
a si mesma.
Você sabe o que
precisa fazer.

*Em algum lugar lá no fundo,
embaixo dos destroços da
dor, do medo, do fracasso
e da responsabilidade, está
a semente de curiosidade
que alimentou seus primeiros
anos de vida.*

*Ela deseja o que
sempre desejou: um coração
aberto e uma mente livre e leve,
ávida por viver intensamente.*

*Regue essa semente interior
com amor-próprio e
observe-se desabrochar
para além do estrago,
como uma hera que não vai parar
enquanto não alcançar a luz.*

Juntas vamos criar
uma geração de
mulheres com amor-próprio.
Imagine as possibilidades.

Ensinar a elas que
o amor-próprio é sagrado
e que autocuidado é sobrevivência.
Mostrar a elas que
já nasceram plenas
e que todo amor de que precisam
já está nas mãos delas.
Servir de exemplo para elas,
do que significa escolher a si mesmas
em primeiro lugar, todo dia.
Esse é
meu papel
como mãe
das minhas filhas.

A questão não é
estar solteira ou
comprometida.

É ser plena em si mesma
de um jeito ou de outro.

*A princípio deixava meu coração
à vista de todos...
e ele pertencia
ao mundo.*

*Depois deixei meu coração
nas suas mãos...
e ele pertenceu
a você.*

*Agora deixo meu coração
no meu peito...
e, quando ele bate,
relembro que
pertence a mim.*

Tudo é impermanente.
Esse é nosso maior conforto
e nossa maior dor.

Hoje eu relembro
que a vida é preciosa
e que o que está aqui agora
pode não estar mais
daqui a um segundo.

Hoje eu relembro
que só estamos em segurança
porque todos concordamos
em viver em harmonia,
e não em discórdia.

Hoje eu relembro
que todo mundo pode escolher
ser corajoso e que
a coragem salva vidas.
A bondade também,
especialmente nos dias de hoje.

Hoje eu relembro.
Amanhã relembrarei também.

Coloque ~~um sorriso~~ no rosto

qualquer expressão que
represente
como está se sentindo
de verdade.

Quando as coisas apertavam,
eu fechava todas
as janelas e portas,
minha alma bem guardada
numa caixa de silêncio.

Agora acolho
a vulnerabilidade –
janelas abertas,
liberdade abundante,
a luz da lua entrando
para colocar minha verdade
no centro das atenções.

Recupere a plenitude
que você sacrificou para fazer
pessoas vazias se sentirem plenas.

*Se eu lhe desse mais
do que tenho para dar,
você perceberia
o vazio que engoli
em troca da sua plenitude?*

Uma mulher que se ama faz
o que precisa para
cuidar de si mesma.

Mesmo que seja
desconfortável.

Especialmente se for
desconfortável.

*Quando parei
de me negar as coisas,
a natureza dos
meus desejos deixou
de ser exagerada
e se tornou saudável.*

*É como se o meu corpo
estivesse simplesmente gritando
através de excessos,
buscando a constante
simplicidade que
na verdade desejava.*

Este espaço é seu.
Use-o, por favor.

Curei meu medo
e abri espaço para
meu encantamento.

Curei minha raiva
e abri espaço para
minha paz.

Curei minha vergonha
e abri espaço para
meu amor.

Curei meu arrependimento
e abri espaço para
minha alegria.

O amor-próprio ilumina
seu mundo inteiro
com a chama de um fósforo só.

Queimei minha culpa.
Queimei minha vergonha.
Queimei minha dúvida.
Queimei meu arrependimento.

E do fogo
do meu amor-próprio
eu nasci.

INTRODUÇÃO AO AUTOCUIDADO

1. Pare as mil coisas que está fazendo.
2. Vivencie seus sentimentos.
3. Abra espaço para as suas necessidades.
4. Faça algo para atendê-las.

*Limpei minha vergonha,
purifiquei minhas expectativas
e observei minha ansiedade
se dissolver.*

*Esfreguei minha culpa e
apliquei unguentos
para aliviar meu estresse,
meu trauma, meu arrependimento.*

*Preparei um banho para meu
amor e mergulhei nele,
sentindo-o me revigorar
da pele à alma.*

O autocuidado fica mais fácil
com a prática.
O amor-próprio fica mais fácil
com a prática.
O valor próprio fica mais fácil
com a prática.
A autodescoberta fica mais fácil
com a prática.

A vida fica mais fácil
com tudo isso aí em cima.

O amor-próprio não é luxúria.
Não é um momento violento
de paixão desenfreada.
É vagaroso e terno.
Um murmúrio constante de energia
que preenche você
da cabeça aos pés.
E quando o pratica,
ele se irradia de você,
repleto de vida
e luz
e magia.

Não confunda
hábito com conforto.
Só porque é familiar
não significa que seja
bom para você.

Parei de me sentir machucada
quando parei
de usar a mim mesma
como saco de pancada.

Sua voz só
será ouvida
se você a usar.

Fale consigo mesma.
Fale com seus entes queridos.
Fale com seus colegas.
Fale com seus representantes.
Fale com seu mundo.

Nós estamos escutando.

Quando você silencia suas necessidades,
sua alma se encolhe e se isola.

Quando você se expressa,
sua alma sai para brincar.

O amor-próprio é mais
que um sentimento:
é um ritual sagrado.

Você começa conhecendo a si mesma, quem você é agora,
hoje, não quem era antes, quem queria ser
ou quem os outros queriam que fosse. Você. Hoje. Agora.
Sua essência. Seu EU.
Isso é autodescoberta.

À medida que se descobre e acolhe a si mesma e as
suas necessidades,
você começa a gostar delas. Você arruma tempo; você
abre espaço.
Você se nutre com
atenção e comprometimento.
Isso é autocuidado.

Você sabe quem é e gosta de si mesma.
De todas as suas partes. As boas, as más, a luz, a treva,
as populares, as impopulares, as complexas, as simples.
Isso é autoaceitação.

Você reconhece seu valor e o alimenta. Seu valor é seu.
Você é plena, sem o influxo da energia, da aceitação,
do amor, do carinho ou do elogio de mais ninguém.
Isso é valor próprio.

E você continua. Sempre em frente. Repetidamente.
Você se compromete com esse ciclo de autodescoberta,
autocuidado, autoaceitação e valor próprio.
Isso é amor-próprio.

O autocuidado salvou o meu corpo.
O amor-próprio salvou a minha alma.

Quando eu não sabia que estava destruída,
o autocuidado me curou.
Quando eu não sabia que estava me escondendo,
o valor próprio me revelou.
Quando eu não sabia que estava crescendo,
a autodescoberta me deleitou.
Quando eu não sabia que era sagrada,
o amor-próprio me lembrou.

O dever de casa da minha filha
era lançar uma sombra e
transformá-la em obra de arte.

Talvez esta época
seja para isto:
para testemunhar nossas
sombras e aprender
a ver a beleza delas.

Como me tornei plena:

Encontrei minha tristeza e a amei.
Encontrei minha dor e a amei.
Encontrei minha raiva e a amei.
Encontrei minha vergonha e a amei.
Encontrei meu medo e o amei.
Encontrei minha ansiedade e a amei.

Eu não percebi que estava com saudade de casa até voltar para o lar em mim mesma.

*Inadvertidamente, deixei partes de mim
ao longo do caminho.
Pensei que isso significasse
que eu me perdera.
Agora percebo que eram migalhas
que deixei para poder encontrar meu caminho de volta
quando estivesse pronta
para escolher a mim mesma.*

Fazer menos coisas não
significa que você vale menos.

E se você fizer menos coisas,
vai ficar tudo bem
mesmo assim.

Você só vai se sentir melhor.

*A resposta às perguntas
que você passou a vida inteira fazendo...
será que tudo vai ficar bem,
será que estou bem, será que fiz o bastante,
será que um dia serei o bastante, será que sentirei
a felicidade, a plenitude, a paz,
o amor, a alegria, a conexão
que tanto desejo?*

Sim. Se você permitir.

Você nunca será o bastante
se continuar pensando que
almas gêmeas são
duas metades de um todo.

*Me amarei por inteiro.
Você se ama por inteiro.
E, em toda a nossa plenitude,
amaremos um ao outro.*

Lembra quando você
pensou que não conseguiria,
mas conseguiu?

Agora é o momento de
invocar essa energia.

Inspire:
amor, poder, valor, esperança,
gratidão, graça, confiança,
sororidade, autenticidade,
intencionalidade, verdade,
saúde, intuição,
compromisso, deleite,
manifestação, bondade,
flexibilidade, perdão,
plenitude, magia, crescimento,
alegria e paz.

Expire:
preocupação, dor, raiva, medo,
vergonha, dúvida, ressentimento,
decepção, arrependimento,
perfeição, isolamento,
conflito, caos, toxinas,
negatividade, competição,
inflamação, tédio,
culpa, ego e pressão.

Para cada vez que lhe disseram
que você era muito pouco,
estou aqui para lhe dizer
que você era e é o bastante.

Para cada vez que lhe disseram
que você era excessiva,
estou aqui para lhe dizer
que você era e é abundante.

*Parti querendo encontrar
o pote de ouro
no fim do arco-íris
e descobri um espelho
em vez de um pote.*

Em vez de amar pessoas
que me negam seu amor,
amo a mim mesma
e deixo guardado o espaço
para receber o amor
de alguém que queira
dá-lo a mim.

*Implorei seu amor.
Me desdobrei pelo seu amor.
Me destruí pelo seu amor.
E na verdade
eu só fiz
implorar, me desdobrar
e me destruir.*

Assim que lembrei
quem eu sou, esqueci
tudo sobre você.

Coloquei você numa colina...
numa montanha.
Cerquei você de jardins e luzes
que, brilhando a distância,
me impelem a escalá-lo.
Escalo esse aclive feito pela mulher,
esse pedestal alimentado pela esperança...
de um dia alcançá-lo.
E mesmo assim,
quanto mais perto chego, mais percebo
que cada jardim é uma miragem
criada pelo meu amor,
determinado demais a encontrar um lugar
para plantar e crescer.

Alcanço você no topo do meu monte Olimpo particular,
e você está ali, e eu estou ali,
e, sem precisar erguer o rosto,
tentando distinguir a sua glória das nuvens...
percebo que às vezes
as montanhas são apenas colinas
e a glória está em quem faz a escalada,
não naquilo que aguarda no topo.

É interessante que
LIMITADO e ILIMITADO
sejam palavras tão parecidas.

Isso talvez signifique
que precisamos acolher nossos limites
para descobrir que somos ilimitadas.

*O sol ainda é o sol
quando nasce ou se põe,
e a lua ainda é a lua
quando está cheia ou minguante.*

Se você ama alguém,
diga.
Se está com raiva de alguém,
diga.
Se está com saudade de alguém,
diga.
Se estiver magoada com alguém,
diga.
Se estiver pensando em alguém,
diga.
Se precisar dar um tempo de alguém,
diga.
Se estiver orgulhosa de alguém,
diga.
Se precisar de alguém,
diga.

*Como posso ser próxima de outra pessoa
se não for próxima de mim mesma?*

O amor-próprio preenche a distância entre nós.

Gratidão significa que
o copo está sempre meio cheio
mesmo quando resta
apenas uma gota d'água.

A gratidão muda seus olhos.
Você verá o que é bom.
A gratidão muda a sua boca.
Você falará o que é bom.
A gratidão muda as suas mãos.
Você tomará o que é bom.
A gratidão muda o seu cérebro.
Você pensará o que é bom.
A gratidão muda o seu coração.
Você sentirá o que é bom.
A gratidão muda a sua energia.
Você irradiará o que é bom.

A gratidão muda tudo em você – você será tudo que é bom.

Em geral, é a
voz mais baixinha
na sua cabeça
que você mais precisa
escutar.

*Ainda está aí.
A voz decepcionada que diz:
"Você poderia ter se saído melhor."*

*Só que agora há uma voz mais suave
ao lado dela, que diz:
"Shhhh. Ela fez o bastante."*

Quando tudo parecer
simplesmente demais,
lembre-se:

há partes em você
que foram projetadas
para lidar precisamente
com esses momentos.

*Ela vestiu sua resiliência
como uma capa,
uma malha feita de aço,
translúcida mas impenetrável,
com o propósito
tanto de proteger quanto
de projetar sua luz.*

Amar a si mesma é
voltar para o lar de si.
Não importa a distância
que tenha percorrido
e quanto tempo tenha ficado longe,
você sempre será
a convidada de honra aqui.
Coloque sua coroa.
Faça um desejo ao apagar suas velas.
A celebração da sua
essência começa agora.

*Entrei
na boneca quebrada
dentro da boneca quebrada,
dentro da boneca quebrada,
separando cada uma
até descobrir
meu verdadeiro ser,
perfeitamente intacto,
inteiro, à espera.*

Eu estava lá o tempo todo.

Nossa luz e nosso poder
não têm nada a ver
com o formato do corpo
que nos abriga.

Quer ela escolha estar plena,
quer escolha revelar apenas um pedacinho,
à vista de todos ou oculta,
sua luz é inquestionável.
Ela se move de um jeito persistente,
paciente, consistente,
poderoso.
Indo ou vindo,
ela ilumina,
um manto de escuridão
que não é páreo para a sua luminosidade.
Sua dança através do céu um convite
que eletriza almas curiosas
e conforta corpos sonolentos.
Ela move oceanos.
Ela governa as marés.
Ela é a lua.
E ela é você.

Nunca é tarde demais
para recuperar a si mesma.
Nunca.

*Todas as partes que eu tranquei
e negligenciei estão desabrochando.
Eu me revelo para mim mesma
e me deleito em mim mesma.
Afinal não sou
um botão tentando desesperadamente
me conter.
Sou uma flor,
pronta a abrir mão de tudo
e a deixar tudo entrar.*

Se você só
recebe o amor de alguém
quando deixa de ser você mesma,
você perdeu
mais do que ganhou.

Quando eu era jovem,
ficava perdida de amor
antes mesmo de me apaixonar.
Tudo que veio depois disso
exigiu que eu aprendesse que
o amor verdadeiro deve
fazer bem, não mal.

Julgar a si mesma
é como jogar
uma âncora quando
você está tentando nadar.

Este poema deveria ser melhor.
Começo, paro.
Tento encontrar as palavras.
Deleto, pauso, vou, volto.
Acabo com nada além
do seguinte pensamento:
este poema deveria ser melhor.
A página vazia.
Meu coração silenciado.
Este poema deveria ser melhor.
Deveria.

Seu corpo dói quando
está desalinhado.
O mesmo vale
para a sua alma.

Amor-próprio é
o que transforma
num santuário
o que antes era
uma zona de guerra:
sua mente, seu corpo,
seu espírito.

CÉREBRO ESQUERDO - QUEM PENSA DEMAIS

Curar minhas feridas
em vez de escondê-las.

*A ferida,
antes onipotente,
se desfiando.
O exército de histórias
sobre o qual se apoiava
se dispersou, cada uma
descascando e
caindo por terra.
Você é fraca.
Você não serve para nada.
Você está acabada.
Cada história se dissolvendo
na nascente do meu amor-próprio,
uma força que não precisa de
nenhum exército que a apoie.*

*Então percebi:
a cura é assim.*

Juro lealdade
à lua
e ao sagrado feminino
pelo qual ela se eleva,
um planeta sob seu brilho,
indivisível,
com amor e luz para todos.

*A preocupação
me empurrou
para as trevas.*

*O amor-próprio
me empurrou
para a luz.*

Quando acolhe seu verdadeiro ser,
você sente essa paz...
de não precisar ser nada
além do que já é.

O oposto também vale,
ao perseguir a perfeição.
Levando você para longe,
cada vez mais longe,
sem lhe dar
um pingo de satisfação.

Então, quando sua cabeça disser
busque a perfeição,

escute o seu coração
quando ele diz *seja você.*

*Eu tinha uma lista
das minhas imperfeições.
Uma torneira pingando vergonhas
que aos poucos me levou para longe.*

*Agora tenho uma lista diferente.
Uma lista
da minha magia inerente,
que me enraíza aqui
e me rega para que eu cresça.*

A história
que você conta a si mesma
sobre o que aconteceu
é tão importante
quanto o que acontece
com você.

*O mundo todo parece
inteiro quando me sinto inteira.
O mundo todo parece
imperfeito quando me sinto imperfeita.*

Somos espelhos.

Hoje meu terapeuta disse:
"Todo mundo está fazendo
o melhor que pode porque
ninguém quer uma vida ruim."
E isso tocou fundo
em mim.

Quando o mundo parecer cruel,
seja gentil com tudo e todos.

Quando o mundo parecer fora de controle,
seja paciente e tome uma atitude quando puder.

Quando o mundo parecer sombrio,
encontre a luz e a compartilhe.

Quando o mundo parecer perdido,
encontre-se dentro de si mesma
e ensine os outros a fazer o mesmo.

Tenha esperança,
mas faça o que precisar.

Confie no universo,
mas faça o que precisar.

Dê tempo ao tempo,
mas faça o que precisar.

Estabeleça intenções,
mas faça o que precisar.

Acredite na magia,
mas faça o que precisar.

Era isso. O novo começo
que ela esperava.
Mas não aconteceu
como ela havia imaginado.
Não foi a sorte ou o destino ou
um presente dos deuses.
Não foi circunstancial.
Não foi de mão beijada.
Foi conquistado.
Mil momentos de amor-próprio
que juntos formaram a montanha
sobre a qual agora se encontrava,
olhando para baixo,
para o vale de oportunidades,
que estava finalmente pronta para reivindicar.

Há 418 milhões
de folhas de grama para
cada pessoa na Terra.

A próxima vez que se sentir empacada,
lembre que, como a grama,
você também foi projetada para crescer.

*Uma semente não sabe o que há além
de seu casulo de terra escura e quente.*

*Ela apenas honra seu desejo
intrínseco de crescer para além dele.*

Autocuidado não é uma ameaça.
Limites não são grosseria.
Amor-próprio não é egoísmo.
Sacrifício não é feminino.

Leia de novo.

*No outro lado da
prática regular
de amor-próprio e autocuidado
há prazeres novos.*

*A liberdade que vem
ao estabelecer um limite.
A completude que vem
ao assumir seu valor.*

A autenticidade alimenta a realização,
a vulnerabilidade alimenta a conexão,
a bravura alimenta a alegria
e o amor-próprio alimenta tudo isso.

*Comporte-se com a ousadia que sente.
Pense com a bravura com que sonha.
Ame com a intensidade com que teme.
Receba com a abertura com que dá.*

Viver sem um propósito
não vai matá-la,
mas você não vai se sentir viva de verdade.

Seu propósito nunca expira,
mesmo que
o descubra ou decida vivê-lo mais tarde.

Seu propósito e seu emprego
não precisam ser a mesma coisa.

Viver seu propósito tem um valor intrínseco,
independentemente de validação externa
ou recompensa financeira.

Quando descobrir seu propósito,
você vai saber. Eu prometo.

*A autodescoberta inspirou os planos.
O valor próprio estabeleceu os alicerces.
O autocuidado construiu a casa.
O amor-próprio preencheu o lar.*

Se você amar a si mesma
só metade do quanto
amou aquela paixonite
na época da escola,
com quem nem trocou palavra,
você estará num bom caminho.

Por que o amor não correspondido permanece?
O aroma de sua esperança uma mancha,
como o perfume que fica
mesmo depois da roupa lavada.
Por que o amor não correspondido cresce
em vez de se dissipar?
O gosto de algo que você nunca teve
tão vívido em sua língua
que domina todos os outros sabores.
Por que o amor não correspondido
causa uma dor tão prolongada?
O formigamento fantasma de um membro perdido
consumindo um corpo inquieto,
uma mente letárgica, uma alma fervente.
Porque o amor não correspondido é
o amor que devemos a nós mesmas.
O gosto intenso, o toque, o aroma...
São o seu corpo implorando que você
se ame.

Amor-próprio:

1. Você dá o presente.
2. Você recebe o presente.
3. Você é o presente.

*Quando eu digo
que você merece seu próprio amor,
pode parecer que
estou dizendo que você fez por merecê-lo.*

Não é nada disso.

*Você tem direito a ele:
seu melhor e mais abundante amor.*

*Sem levantar um dedo.
Sem realizar coisa nenhuma.
Sem ser nem fazer um pingo a mais
do que você já é desde que nasceu.*

O amor é ~~cego~~.

ver tudo e escolher
a pessoa por tudo que ela é.

Quando eu escolher meu amor eterno,
direi que foi amor à última vista.
Que o amor que compartilhávamos no início
continuou a crescer
com base em cada interação, cada experiência, cada
momento em que dividimos algo novo.

Um dia, brindarei ao fato de que o amor que nos levou
ao altar se baseou em tudo que veio depois da
"primeira vista", como conhecer o eu
autêntico um do outro, os pontos fortes e até as fraquezas.

Que o amor não nasceu de uma intuição,
de um sentimento,
mas de todo dia, de todas as vezes que nos
despedimos, e que podemos sinceramente dizer
que experimentamos
um amor novo, mais significativo... a cada última vista.

O amor-próprio é
o alicerce
de todo amor.

O amor moderno não é um toma lá dá cá.
O amor moderno é largar e receber.
Largar o que estiver no caminho do amor
e receber o amor que for compartilhado.
Sem expectativas. Sem exigências.
Sem barreiras. Sem decepção.
Apenas entrega mútua.
Apenas amor abundante.

Autocuidado: a ideia radical
de que você merece sua própria atenção.

O dia de hoje é como
você precisar que ele seja.
Um dia calmo de descanso no
meio da semana.
O primeiro dia do
resto da sua vida.
O fim.
O começo.
Ação. Silêncio.
Apenas mais um dia
ou o dia D.
Qualquer que seja:
torne-o seu.

O único jeito de você conseguir
o que quer
é saber o que quer.

Desejo me sentir viva a cada momento.
Sentir o fluxo de eletricidade
que conecta tudo e todos.
Saber o que eu quero, e querer não apenas
intelectualmente, mas com cada célula do meu corpo.
Sentir essa vibração e radiação em cada centímetro,
até que ela energize as profundezas do meu ser.
Mais do que qualquer coisa, quero que esse desejo pulse
através de mim em direção às pessoas que amo.
Assim poderemos nos sentir tão próximos que nosso
coração baterá em uníssono.

O amor-próprio e a sororidade
vão salvar o planeta.

Uma mulher que abraça sua história.
Uma mulher que trilha seu caminho.
Uma mulher que honra suas necessidades.
Uma mulher que fala sua verdade.
Uma mulher que faz brilhar sua luz.
Uma mulher que celebra suas irmãs.

Isso é o que significa ser uma mulher que escolhe a si mesma.

Querida irmã,

sei que hoje e muitos dias
têm sido assustadores,
incertos, sombrios. Mas a sua luz
me dá esperança e, juntas,
vamos lembrar ao mundo que
a humanidade está intacta e que
o amor prevalecerá.

*Se o sol ainda nascer,
e a lua ainda brilhar,
e as marés ainda
subirem e descerem,
e as abelhas ainda zumbirem,
e a terra ainda florescer,
e o vento ainda beijar
suas faces com delicadeza,
ainda haverá
razão para ter gratidão.*

AGRADECIMENTOS

Não poderia ter escrito este livro sem minha comunidade de amor-próprio no Instagram (@fredandfar). Obrigada por estarem comigo sempre, lendo meus poemas e os compartilhando, e sobretudo assimilando tudo que eles significam. Vocês inspiram minhas palavras todos os dias.

Também sou profundamente grata a Paige Feldman, Leanne Aranador, Erin Hosier e Patty Rice. Sem elas, este livro ainda seria apenas meu sonho de criança.

Como você viu nestes poemas, minha família é uma fonte de inspiração constante. Obrigada a meu marido, Aaron, a minhas filhas, Stella e Violet, a meu filho, Teddy, a meus pais e a toda a minha família e amigos, que leram meus poemas e apoiaram minha escrita nos últimos trinta anos.